EL VIAJE INTERIOR

Dalai Lama

CONSEJOS
ESPIRITUALES

Un puente entre el budismo y Occidente

EDICIÓN A CARGO DE
DONALD W. MITCHELL

ONIRO

Colección dirigida por Carlo Frabetti

Título original: *Spiritual Advice*
Publicado en inglés por The Continuum Publishing Company,
New York

Traducción de Nuria Martí

Diseño de cubierta: Valerio Viano

Fotografía de cubierta: © Kinsey Bros., Ashok Dilwali,
Nueva Delhi
Reproducida por cortesía de Casa del Tíbet, Barcelona

Distribución exclusiva:
Ediciones Paidós Ibérica, S.A.
Mariano Cubí 92 – 08021 Barcelona – España
Editorial Paidós, S.A.I.C.F.
Defensa 599 – 1065 Buenos Aires – Argentina
Editorial Paidós Mexicana, S.A.
Rubén Darío 118, col. Moderna – 03510 México D.F. – México

© 1998 by Monastic Interreligious Dialogue

© 2002 exclusivo de todas las ediciones en lengua española:
  Ediciones Oniro, S.A.
  Muntaner 261, 3.º 2.ª – 08021 Barcelona – España
  (oniro@edicionesoniro.com - www.edicionesoniro.com)

ISBN: 84-95456-87-7
Depósito legal: B-48.072-2001

Impreso en Hurope, S.L.
Lima, 3 bis – 08030 Barcelona

Impreso en España – *Printed in Spain*

Índice

Prólogo

Hace treinta años Thomas Merton viajó a Bangkok para participar en la primera conferencia intermonástica entre Oriente y Occidente organizada por los abades benedictinos de todo el mundo. Antes de la conferencia, Thomas Merton mantuvo una entrevista con su Santidad el Dalai Lama que supuso para ambos una profunda experiencia de amistad espiritual. Más tarde, en Bangkok, en el segundo día de la conferencia intermonástica, justo después de ofrecer su intervención, Thomas Merton murió de repente. Aquella conferencia y la muerte de Thomas Merton marcaron el nacimiento de un nuevo y fascinante encuentro espiritual entre las grandes tradiciones de la espiritualidad budista y cristiana.

En 1977, casi diez años después del fallecimiento de Merton, la orden benedictina fundó, con carácter formal, una organización llamada Diálogo Interreligioso Monástico (MID), para fomentar, desarrollar y apoyar los intercambios y diálogos en especial entre las tradiciones monásticas budista y cristiana de Occidente y Oriente. Con su apoyo, en los años ochenta y noventa numerosos monjes y monjas zen y tibetanos viajaron a los monasterios cristianos de Europa y América, al mismo tiempo que muchos monjes y monjas cristianos viajaban también para visitar los monasterios zen y tibetanos de Asia.

Los cristianos sobrevivieron a terribles viajes en jeep, lluvias monzónicas, desprendimientos de tierras, pumas, arañas gigantes y ratas hambrientas para aventurarse hasta los antiguos monasterios situados en zonas remotas de Asia. Los budistas, a su vez, viajaron hacia lejanos centros monásticos como Montserrat, subiendo hasta la cima de las montañas para visitar ermitas cristianas. Dondequiera que tuviera lugar el intercambio —ya sea en las tranquilas habitaciones de los monasterios zen en Kyoto, en los conventos de monjas tibetanas de Dharamsala, o en los conventos cristianos de Nuevo México— el diálogo interior del corazón que mantuvieron abrió nuevas perspectivas sobre la vida espiritual tanto a los visitantes como a los anfitriones. A partir de la comprensión y el aprecio mutuo nacidos de estos intercambios, poco a poco se fue desarrollando un nuevo nivel de confianza y respeto. En el contexto de esta amistad espiritual más profunda, se trataron temas más prácticos. Por ejemplo, el MID ha estado ayudando a los hermanos y hermanas tibetanos a adquirir experiencia en el campo de la salud, y el conocimiento informático y la competencia educativa necesarios para poder ayudar mejor a los exiliados de su país.

Basándose en estas largas décadas de amistad, en 1993 Su Santidad el Dalai Lama participó en el diálogo intermonástico del MID en el Parlamento de las Religiones Mundiales, en Chicago. Después de aquel encuentro formal, Su Santidad dijo que sentía que se había creado una buena base para mantener un profundo diálogo acerca de la vida espiritual. Sugirió que veinticinco budistas y veinticinco maestros espirituales y practicantes cristianos vivieran bajo el mismo techo, meditaran y rezaran juntos, y mantuvieran un diálogo unos con otros sobre la espiritualidad y el valor que tiene en el mundo actual. Su Santidad pidió también que este encuentro tuviera lugar en la abadía de Gethsemani, hogar de su querido amigo Thomas Merton. Aunque se habían mantenido intercambios y diálogos intermonásticos durante los últimos treinta años, éste sería el primer evento que supondría un encuentro a nivel global.

El MID aceptó la sugerencia de Su Santidad y

durante el mes de julio de 1996 se llevó a cabo lo que se convertiría en el famoso e histórico encuentro de Gethsemani. Además del Dalai Lama, asistieron monjes, monjas y laicos de las tradiciones theravada, tibetana y zen de Sri Lanka, Tailandia, Myanmar, Camboya, Taiwan, Corea, Japón, la India y de todas partes de Estados Unidos. Por parte de los cristianos, asistieron monjes y monjas de las órdenes benedictina y trapense, así como practicantes laicos de Europa, Asia, Norteamérica y Australia. Los temas tratados en los diálogos fueron: 1) la práctica de la oración y la meditación en la vida espiritual; 2) las etapas de crecimiento en el proceso de desarrollo espiritual; 3) el papel del maestro y de la comunidad en la vida espiritual, y 4) las metas de la transformación espiritual y social.

Para compartir los frutos espirituales de este acontecimiento histórico, se publicó un bello libro con todas las charlas espirituales ofrecidas por los maestros budistas y cristianos. En él se incluía además una versión del diálogo mantenido sobre temas tan importantes como la naturaleza de la mente, la superación de la cólera, el amor y la compasión, el uso de las Escrituras búdicas, la experiencia mística, la dinámica de la gracia y las bendiciones, la observación del estado emocional, la violencia y la injusticia social, el significado del sufrimiento, y la instauración de la unidad en un mundo divido. El libro se tituló: *The Gethsemani Encounter: A Dialogue on the Spiritual Life by Buddhist and Christian Monastics*, y fue publicado por Donald W. Mitchell y James Wiseman, Orden de San Benito, ed., Continuum, Nueva York, 1997.

Todas las charlas ofrecidas en el Encuentro de Gethsemani sobre la espiritualidad budista tibetana las impartió Su Santidad el Dalai Lama. Cuando los editores del *The Gethsemani Encounter* nos dispusimos a publicarlas, tuvimos la grata sorpresa de ver que incluían numerosos consejos dirigidos tanto a cristianos como a budistas. De modo que lo que tienes en tus manos ahora son los consejos espirituales dados por Su Santidad en aquellas charlas y en el diálogo que mantuvo con budistas y cristianos en el Encuentro de Gethsemani.

En el capítulo primero Su Santidad explica que las religiones son como medicinas que curan a la humanidad y que pueden contribuir a través del diálogo de la interfé a construir un mundo más pacífico y unido. En el capítulo segundo expone cómo el viaje interior de la meditación puede curar nuestras emociones aflictivas y aportarnos paz y felicidad. En el capítulo tercero Su Santidad nos ofrece sugerencias relacionadas con el proceso de alcanzar el «estado de calma» al afrontar aspectos negativos como pueden ser una baja autoestima, la pereza y dudar de uno mismo, de un modo que puede ser útil tanto a cristianos como a budistas. En el capítulo cuarto trata las cualidades de la vida espiritual, como la caridad, el amor y la compasión, y da consejos sobre ellas; y además explica la naturaleza de la sabiduría desde el punto de vista budista. En el capítulo quinto Su Santidad describe las características de la guía espiritual que debemos buscar para elegir a un maestro religioso. Y, por último, en el capítulo sexto, presenta la meta budista de vencer la ignorancia, encontrar la mente de la clara luz y alcanzar el nirvana. Reconoce la diferencia que existe entre este logro y el ideal cristiano de la unión con Dios, y sugiere a continuación una meta espiritual para el género humano, en concreto, la de cultivar «las cualidades humanas positivas de la tolerancia, la generosidad y el amor».

Me gustaría hacer patente mi agradecimiento a los siguientes organismos y personas el apoyo y la colaboración que me han prestado en la preparación de este libro: al MID, a la Office of Tibet, a la abadía de Gethsemani, a Mary Margaret Frunk, Fr. James Wiseman, Gene Gollogly, Frank Oveis, Doris

Cross, Jeffrey Hopkins, Kristen Mitchell y, por supuesto, y de manera especial, a Su Santidad el Dalai Lama.

DONALD W. MITCHELL

1

La jornada
del diálogo

La necesidad de la espiritualidad salta a la vista. Creo que mientras existan seres humanos será necesario algún tipo de espiritualidad. Tal vez no la precisen todos los seres humanos, pero al menos millones de ellos sí. Por lo tanto, en la actualidad, existe un gran interés por la espiritualidad.

La religión como medicina

Es también evidente que las distintas tradiciones religiosas, a pesar de tener diferentes filosofías y puntos de vista, poseen el potencial espiritual de ayudar a la humanidad a fomentar la felicidad y la satisfacción. En realidad, dada la inmensa variedad de seres humanos que existe —de gente de tan distintas clases y con disposiciones mentales tan diversas—, necesitamos una gran variedad de tradiciones religiosas, o sea que es mucho mejor que exista tal variedad.

Las religiones son como una medicina porque lo importante es curar el sufrimiento humano. En la práctica de la medicina, lo más importante no es lo caro que sea el medicamento en sí, sino curar la enfermedad de un paciente en particular. De igual modo, existe una variedad de religiones con sus distintas filosofías y tradiciones. La meta u objetivo de cada religión es curar el dolor y la infelicidad de la mente humana. También en este caso la cuestión no radica en qué religión es superior, sino en cuál curará mejor a una persona en particular.

Como monje budista, como practicante budista, desde mi propia tradición he aprendido la importancia que tiene que una religión sea apropiada a la disposición mental de un individuo. Por ejemplo, en el llamado budismo Mahayana, el *bodhisatvayana*, hay distintas opiniones sobre la realidad. La interpretación de cada una de sus escuelas se basa en las palabras del mismo Buda Sakyamuni que aparecen en determinados sutras.

De modo que puede dar la impresión de que el Buda Sakyamuni se contradice en las enseñanzas que ofreció a sus seguidores, pero no se debe en absoluto a que tenga un punto de vista confuso, puesto que los budistas creemos que el Buda Sakyamuni está Iluminado y ha alcanzado plenamente la verdad. Por lo tanto, debemos sacar la conclusión de que enseñó distintas filosofías deliberadamente, para que fueran acordes con las distintas disposiciones mentales de sus seguidores. De modo que nuestra propia tradición nos enseña lo importante que es la disposición mental de un individuo para determinar qué tradición religiosa es más adecuada para él. No se trata de decidir que como una interpretación de la realidad es verdadera y otra falsa, debemos por tanto seguir la primera. No podemos hacer tal afirmación, ni siquiera el mismo Buda hubiera podido hacerla.

De esta experiencia se desprende que para algunos el método cristiano resulta mucho más eficaz que para otros. Los musulmanes encuentran que su enfoque se adapta mejor a sus vidas. O sea que no podemos decir «esta religión es buena, aquella otra no lo es». En absoluto.

Sin embargo, a nivel individual, podemos afirmar que una religión en particular es la mejor para nosotros. Por ejemplo, no cabe duda de que el sistema budista es el más indicado para mí, lo cual no significa que el budismo sea mejor para todo el mundo. E incluso dentro del budismo, la filosofía madiamika es la más adecuada para mí. Pero no puedo afirmar que este punto de vista sea el mejor para todos los budistas. ¡En absoluto! Basándonos en ello vemos que es sumamente importante apreciar las distintas tradiciones religiosas del mundo y, en particular, las más importantes. Creo que hay suficientes razones para respetar y apreciar todas las tradiciones religiosas importantes del mundo.

A mi modo de ver la humanidad puede dividirse en tres grupos. El primer grupo, al que pertenece la mayoría, no está interesado por la religión. A estas personas sólo les interesa la vida cotidiana, en especial, el dinero. El segundo grupo se compone de individuos con una fe religiosa muy sincera que practican algún tipo de religión. Y, por último, el tercero se opone radicalmente a cualquier idea religiosa. Observando estos tres grupos descubrimos que tienen una cosa en común: todos buscan la felicidad. En este aspecto no se diferencian.

Pero las diferencias surgen respecto a cómo alcanzar la felicidad. El primer grupo cree que sólo el dinero puede proporcionarla. El segundo piensa que la felicidad se alcanza a través de la espiritualidad religiosa. Y el tercero cree no sólo que el dinero es beneficioso, sino que las ideas religiosas son en realidad sumamente perniciosas para la felicidad humana. Piensa que las clases dirigentes de las sociedades más antiguas utilizan la religión como un instrumento para explotar a las masas. Durante gran parte del siglo xx ha habido una competición entre este grupo antirreligioso y las religiones. Sin embargo, recientemente parece ser que cada vez son más las personas que ven con claridad el inapreciable valor de la religión para alcanzar la felicidad humana.

Una competición constructiva

✿

Aunque las religiones fomenten la felicidad humana, al mismo tiempo es evidente que en nombre de las diferentes tradiciones religiosas la humanidad se ha dividido más aún y en algunos casos incluso ha habido conflictos y derramamiento de sangre. Este hecho no sólo se produjo en el pasado, sino que está sucediendo en la actualidad. ¡Lo cual es sumamente lamentable! Por un lado, las tradiciones religiosas conservan su propiedad curativa. Pero, por otro, producen a veces situaciones desafortunadas. De modo que debemos conservar las tradiciones religiosas intentando, al mismo tiempo, minimizar los conflictos causados por distintas situaciones actuales.

Con relación a ello, siempre he dicho en mis charlas que el diálogo de la interfé puede hacer que las distintas tradiciones religiosas se comprendan mejor entre sí. Un tipo más intelectual de diálogo comporta un grupo de eruditos que se reúnen para esclarecer las diferencias y similitudes existentes entre sus tradiciones. Semejante diálogo resulta muy útil para poder comprender y apreciar las otras religiones y tender puentes entre las distintas comunidades religiosas.

Otro tipo de diálogo consiste en que los seguidores de distintas tradiciones religiosas lleven a cabo una peregrinación. Pueden hacerlo en grupo y visitar lugares sagrados de distintas tradiciones religiosas. Los peregrinos deben rezar juntos a ser posible; o en caso contrario, practicar la meditación en silencio. Constituye un método muy eficaz para comprender el valor y la fuerza de otras tradiciones religiosas. Personalmente, he realizado esta clase de peregrinaciones. Por ejemplo, como budista no tengo un vínculo especial con Jerusalén, pero como creo que todas las tradiciones religiosas tienen un gran potencial, fui a visitar dicha ciudad en calidad de peregrino.

Una tercera clase de diálogo es un encuentro como el «Day of Prayer for Peace» que tuvo lugar en Asís en 1986. En aquella ocasión asistieron diversos líderes religiosos para intercambiar algunas bonitas palabras. Fue también de gran ayuda. Según la opinión de millones de personas, resultó útil, muy útil. Este tipo de acontecimiento establece a la larga la base para crear un ambiente más positivo en el que los líderes religiosos pueden discutir diversos temas cruciales.

Una cuarta clase de diálogo comporta un encuentro entre los practicantes auténticos de distintas tradiciones religiosas. Para mí constituye un acontecimiento importante, muy importante, de gran utilidad. Un buen ejemplo es el encuentro que mantuve con Thomas Merton. Durante el Encuentro de

Gethsemani también se trató a fondo el tema de cómo afrontar la ira, y sentí que aquella conversación constituía realmente un claro ejemplo de diálogo espiritual. Tanto los practicantes cristianos como los budistas comprendieron que la ira es negativa. Ambos grupos necesitamos afrontar el problema de la ira, aunque nuestros métodos sean distintos. Los cristianos tienen fe en Dios e intentan resolver este problema a través de ella. En cambio los budistas usan otro método. Pero el objetivo, el propósito, es el mismo.

Creo también que a parte de los diálogos deberíamos mantener una especie de competición constructiva. Los budistas deberían poner en práctica sus creencias en la vida cotidiana, y nuestros hermanos y hermanas cristianos, sus enseñanzas. En este campo creo que deberíamos mantener una especie de competición. Como los miembros de cada bando desean ser mejores practicantes, una competición de este tipo no sería perjudicial sino realmente constructiva.

Por otro lado, no creo que sirva de mucho decir que mi práctica es mejor que la de otro. Ésta es mi opinión, lo que fundamentalmente pienso sobre el encuentro entre nuestras tradiciones religiosas.

Thomas Merton

A raíz del encuentro y los diálogos que mantuve con Thomas Merton, mi actitud hacia el cristianismo cambió enormemente y mejoró muchísimo.

Siempre le consideré como un sólido puente entre el budismo y el cristianismo. Desde el punto de vista de un practicante religioso y, en particular, como monje, Thomas Merton es alguien al que todos podemos de veras admirar. Desde otro punto de vista, tenía todas las cualidades de la escucha —lo cual significa estudiar, meditar y reflexionar sobre las enseñanzas— y de la meditación. Tenía además las cualidades de ser una persona culta, disciplinada y con un gran corazón. No sólo era capaz de practicar, sino que su perspectiva era amplia, muy amplia.

En mi opinión, deberíamos intentar seguir su ejemplo. De este modo, aunque el capítulo de su vida haya concluido, aquello que esperaba y buscaba hacer perdurará para siempre. Creo que si todos le tomásemos como modelo sería muy beneficioso para el mundo.

En lo que a mí respecta, siempre me he considerado como uno de sus hermanos budistas. Así que, como íntimo amigo suyo —o como hermano— le recordaré y admiraré siempre sus actividades y su estilo de vida.

A partir de nuestro encuentro, y a menudo cuando me analizo a mí mismo, sigo fielmente algunos de sus ejemplos. De vez en cuando me siento muy satisfecho porque sé que he contribuido a cumplir algunos de los deseos que albergaba respecto al mundo. De modo que el impacto que ejerció en mí aquel encuentro perdurará hasta el fin de mis días. Quiero manifestar claramente que me comprometo a ello y que lo mantendré mientras viva.

Servir al mundo

❦

Gracias, además, al diálogo mantenido con los monjes cristianos he descubierto que uno de los aspectos más sorprendentes de esta tradición es servir a la sociedad. Algo que creo consituye una contribución muy práctica al mundo. Me preocupa que los monjes budistas contribuyan tan poco de una manera práctica a mejorar el mundo.

En la actualidad el mundo se ha vuelto cada vez más pequeño, y todas las cosas son ahora interdependientes. En el pasado los practicantes budistas, en especial los monjes, permanecían en su pequeño círculo, alejados de la sociedad. Cuando uno lleva esta situación al extremo, no se preocupa por lo que está ocurriendo en la sociedad o en el Gobierno, o es indiferente a ello. En el pasado quizá tuviera fundamento que este aislamiento se produjera, pero en la actualidad las cosas están cambiando.

Por consiguiente, creo que el clero y los monjes budistas deberían sensibilizarse más respecto a lo que ocurre en el mundo. Pienso que es muy importante. Con una toma de conciencia de este tipo, a la larga el individuo acabará expresando su opinión. Y más tarde un grupo de monjes —o una comunidad budista— manifestará su preocupación y podremos cambiar el mundo para mejor.

Hablando con franqueza, durante los últimos treinta y siete años que he vivido en el exilio creo que los budistas tibetanos, incluido yo mismo, hemos desarrollado una relación más cercana con nuestros hermanos y hermanas cristianos que con nuestros compañeros budistas. Aunque los tibetanos vivamos en la India, Tailandia, Sri Lanka, Birmania, Camboya y otros países asiáticos, sólo visitamos y recibimos de vez en cuando a otros budistas. En algunas ocasiones hemos mantenido provechosas conversaciones sobre algunos temas, pero ha sido totalmente a nivel individual. Además, nuestras visitas oficiales a aquellos países resultan difíciles debido a la situación política y a otras razones.

Por lo tanto, creo que necesitamos mantener con regularidad un mayor contacto y organizar encuentros de mayor envergadura —como conferencias budistas— para tratar entre nosotros diversas ideas. Así, a la larga, será posible desarrollar alguna clase de método concreto para tratar los temas relacionados con el budismo y el mundo moderno. Mi deseo es que en nuestra comunidad budista —en particular entre la comunidad monacal y los expertos— pudiéramos mantener más conferencias internacionales. En la situación mundial actual esta clase de intercambio sería útil, muy útil.

En cuanto a los cristianos, como sois más numerosos y habéis progresado tanto materialmente en

Occidente, creo que podéis ofrecer una gran ayuda espiritual y material para establecer la paz mundial. El otro día, en Inglaterra, dije bromeando a los asistentes que como en el pasado habían sido la nación imperialista más poderosa y habían explotado a gente de todo el mundo, ahora había llegado el momento de compensar al mundo. O sea que, en cuanto a fomentar el desarrollo espiritual y material, siento que podéis contribuir incluso más si cabe.

En algunas partes de África y Asia, mucha gente está luchando sólo para poder seguir viva. En esas circunstancias, hay una urgente necesidad de recibir ayuda material. En respuesta a estas necesidades humanas básicas, creo que las naciones occidentales cristianas avanzadas tienen el potencial de fomentar un nuevo aprecio por el valor de la vida humana. En este aspecto, pienso que nuestros hermanos y hermanas cristianos pueden hacer una gran contribución.

Además, las armas más terribles, incluyendo el armamento nuclear, junto con la ideología marxista, proceden de Occidente. Como en el pasado las naciones occidentales emprendieron algunas iniciativas muy destructivas en otras partes del mundo, creo que ahora ha llegado el momento de desarrollar iniciativas más constructivas a escala mundial. Así lo espero y deseo.

Y, por último, desearía decir que gracias al diálogo entre budistas y cristianos, los budistas tibetanos hemos desarrollado unas relaciones más cercanas y mejores con nuestros hermanos y hermanas cristianos. De modo que el diálogo es también una de vuestras mayores contribuciones. Crea un espíritu sano de armonía basado en una comprensión mutua. Conociendo totalmente nuestras diferencias y semejanzas, hemos desarrollado un respeto y una comprensión mutuas. ¡Creo que esto supone un buen ejemplo para otras tradiciones religiosas y para el mundo entero!

2

La práctica
de la meditación

Hablaré ahora sobre una práctica budista excepcional llamada meditación o contemplación. Intentaré explicar algo útil que los practicantes cristianos también pueden adoptar. Creo que probablemente enriquecerá a ambos grupos.

No voy a hablar acerca de si hay un Creador o no. Es un tema demasiado complicado y, en cualquier caso, pienso que trasciende nuestros conceptos. A este respecto es mejor seguir las propias creencias, así uno obtendrá algún tipo de resultado satisfactorio, ya que el tema es demasiado complicado. En la India, durante siglos se han mantenido grandes debates entre lógicos budistas y lógicos no budistas. El resultado ha sido que ¡las discusiones continúan! O sea que es mejor guiarse por lo que uno cree. Lo importante es practicar y actuar de acuerdo con las propias creencias con sinceridad y seriedad.

Explicaré a continuación los enfoques budistas sobre la meditación. La palabra tibetana para la meditación es *sgom*, que aparece en las Escrituras búdicas pero que, en realidad, forma parte de la vida corriente y cotidiana. Significa familiarizarse con ciertos objetos o actitudes en particular. Pongamos por caso que nos sentimos afligidos porque hemos visto un objeto que nos ha hecho infelices. En este caso usamos alguna especie de *meditación analítica* que incluye el razonamiento. Cuanto más investigamos, más se va desarrollando la emoción aflictiva. Y después, tras familiarizarnos con aquel objeto, podemos llegar a una conclusión o a una especie de convicción. Descubrimos «¡Es algo positivo!» o «¡Es algo negativo!».

Esta convicción mental es una forma de *meditación unidireccional*. Así pues, en nuestra vida cotidiana usamos siempre la meditación analítica y la meditación unidireccional. El objetivo de la meditación es familiarizarnos con cualquier objeto o actitud que deseemos conocer más a fondo. Éste es el significado de la meditación como familiarización.

La meditación para los cristianos

❧

La práctica de la meditación es importante para transformar nuestra mente, lo cual también es válido para el practicante cristiano. Como es natural, los cristianos intentan recibir ayuda o bendiciones de Dios, pero la transformación espiritual implica también esforzarse. Por ejemplo, las bendiciones de Dios están siempre presentes, la gracia divina siempre está aquí. Pero para el no creyente, puede que esas bendiciones no entren en su vida, o que no lo hagan fácilmente porque no pone el menor esfuerzo por su parte. Así que los practicantes cristianos también necesitan realizar algún tipo de esfuerzo en la espiritualidad. Y la meditación es valiosa en este caso.

¿Cómo podéis desarrollar la fe adecuadamente a través de la meditación? Usando dos clases de meditación: en primer lugar, podéis practicar la meditación analítica pensando lo grande y misericordioso que es Dios. Después de utilizar esta meditación analítica se llega a algún tipo de convicción: «¡Ahora sí que lo veo, no cabe duda de que así es!». Luego, sin investigar más, dejad que vuestra mente se afiance en esa creencia, en esa fe más profunda, lo cual es la meditación unidireccional. Estas dos formas de meditación de la tradición budista deben ir unidas. La fe no sólo consiste en creer en unas palabras, sino que más bien combina la propia experiencia de uno y el Evangelio para desarrollar una firme convicción. Algo muy importante e incluso necesario en cualquier religión.

Hay otros dos tipos de meditación que pueden ser de gran provecho. En el primero de ellos debéis concentraros en un objeto en particular y meditar sobre él. En este caso se elige un objeto que la mente pueda percibir. Un ejemplo de este primer tipo podría ser cuando un cristiano toma conciencia de la grandeza de Dios. En este caso tenéis un objeto distinto de vosotros mismos en el que os concentráis en la meditación. En el segundo tipo, cultiváis vuestra mente mediante una actitud meditativa. Un ejemplo sería cuando un cristiano medita para cultivar la fe o el amor. En esta clase de meditación, cultiváis vuestra mente para que desarrolle la naturaleza misma de la fe o del amor. En la práctica budista, cuando meditamos de este modo sobre las actitudes de la compasión o del amor compasivo, nuestra mente se transforma en esa clase de mentalidad.

La meditación para los budistas

Ahora tomaremos el ejemplo del conocimiento budista de la impermanencia. En general, al principio este conocimiento no se basa en la experiencia, sino en las razones dadas en las Escrituras búdicas o explicadas por alguien. Pero después, uno medita sobre ello usando la meditación analítica y la meditación unidireccional que he descrito para los cristianos.

Tras meditar y reflexionar a fondo sobre la impermanencia, ésta se vuelve familiar. Más tarde, en una determinada etapa, comprendéis esas razones y adquirís una convicción más profunda de la impermanencia; ahora podéis demostrarla por medio de esas razones con absoluta confianza. En esta etapa de la meditación, el conocimiento que tenéis de la impermanencia es mucho más sólido que antes. Por supuesto, antes ya teníais presente que todas las cosas son impermanentes y que están cambiando a cada momento, pero a través del razonamiento de la meditación analítica habéis desarrollado una convicción más profunda y completa.

Después, sin seguir razonando más, comprendéis espontáneamente la impermanencia. Siempre que veis algo, sin esforzaros en absoluto, sabéis o sois conscientes de manera natural de que es impermanente. En este estado de vívida comprensión libre de todo artificio en el que habéis desarrollado la experiencia de la impermanencia, experimentáis una especie de percepción directa en la que vuestra mente se funde, por así decirlo, con la impermanencia. Desde este punto de vista, no es una percepción dualista.

En el budismo hay muchos otros tipos de objetos

de meditación. Uno de ellos se llama «un objeto para purificar las emociones aflictivas». Desde el punto de vista budista, a lo largo de muchas y recientes vidas pasadas, uno ha ido adquiriendo unas emociones aflictivas determinadas que producen en esta vida una emoción aflictiva predominante, como el deseo, el odio, la confusión, el orgullo o una tendencia discursiva.

Así pues, se medita en un objeto que contrarrestará la emoción aflictiva predominante en uno. Por ejemplo, alguien con una gran cantidad de odio acumulado se concentrará en el amor. Alguien dominado por un gran deseo se concentrará en la fealdad. Alguien que esté muy confuso, meditará en cómo la rueda cíclica del sufrimiento se crea en el proceso del origen dependiente.[1] Alguien orgulloso reflexionará en los cinco agregados mentales y físicos o en los

---

1. Véase la página 132 para consultar el significado de la expresión *origen dependiente*.

otros constituyentes de nuestra existencia. Alguien dominado por el deseo de discurrir meditará en la inhalación y la exhalación de la respiración. Como veis, hay una gran variedad de emociones aflictivas, y para cada una de ellas existen distintos objetos sobre los que meditar para disminuirlas.

En el budismo también se usan objetos de meditación para desarrollar una «percepción especial» y un «estado de calma». La diferencia entre el estado de calma y la percepción especial no viene determinada por los respectivos objetos de estos distintos estados meditativos, sino por cómo uno se relaciona con los objetos.

Podemos relacionarnos con los objetos de meditación de un modo que obtengamos una percepción o una calma interior. Para los budistas hay un estado de calma que incluso observa la vacuidad, y también una percepción especial que observa la variedad de fenómenos. Los cristianos deberían también descubrir qué objetos de meditación hay

que les ayuden a desarrollar la percepción especial
y el estado de calma, tanto con relación a la fe en
Dios como en cuanto a desarrollar amor hacia los
seres humanos.

Algunos consejos prácticos

Cuando nos dedicamos en serio a la práctica de la meditación, la dieta es importante. Es conveniente adoptar una dieta ligera, que además es muy sana para el cuerpo.

Mantener una rutina diaria es también importante. Levantarse por la mañana temprano resulta muy beneficioso. Algunas personas, en particular las que viven en la ciudad, hacen lo contrario. Se levantan muy tarde y por la noche están muy activas y totalmente despejadas. Y después, cuando sale el sol a la mañana siguiente, duermen apaciblemente. Pero para un practicante este estilo de vida es muy poco saludable. O sea que debéis levantaros temprano para disfrutar «del frescor de la madrugada, del frescor de vuestra mente», y para ello necesitáis acostaros temprano para poder dormir lo suficiente.

Además, está el tema de la postura, que, en general, es muy importante. Debéis sentaros con la espalda erguida. La justificación budista para esta postura es que si os mantenéis erguidos la energía de vuestro cuerpo circulará con más normalidad. Si os sentáis con el cuerpo inclinado, no estará suficientemente equilibrado, así que es importante tenerlo en cuenta. Pero, en cambio, no creo que importe demasiado sentarse con las piernas cruzadas, ya que para algunos esta postura, en lugar de ayudarlos a meditar, les produce más dolor, o sea que no lo considero importante. Si lo deseáis, podéis elegir una postura más cómoda.

Según la tradición budista, a veces uno puede obtener alguna clase de comprensión o conocimiento extraordinario. Como, por ejemplo, en el caso de la fe. A veces, sin ninguna razón, puede surgir algún tipo de sentimiento espontáneo. Pero nuestra tradición no considera que uno pueda depender de tal experiencia, por muy positiva que sea. Un día la fe puede aparecer de manera natural pero, al siguiente, desaparecer. Sin embargo, una vez obtenéis esta experiencia espontánea de la fe, es muy útil si lográis mantenerla y alimentarla con vuestro esfuerzo. Así que no debéis depender demasiado de las experiencias espontáneas. En cambio, la otra experiencia de la fe, que es más continua y se ha desarrollado a través de un esfuerzo constante, es mucho más fiable.

Una mente alerta

Creo que tanto en la meditación analítica como en la meditación unidireccional lo importante es la agudeza de la mente, que esté totalmente alerta. Esto es importante, importantísimo. En la meditación analítica es esencial tener una mente aguda para poder realizar el proceso analítico. Pero en la meditación unidireccional, la mente debe mantenerse totalmente clara y alerta. De lo contrario, a veces la experiencia de la unidireccionalidad se desarrolla como resultado de la oscuridad, lo cual no es en modo alguno provechoso. Debéis manteneros con la atención puesta en el objeto de meditación y totalmente vigilantes.

Sin una actitud alerta, se corre el peligro de confundir el embotamiento mental con la meditación unidireccional, ya que a medida que vuestra vigilancia disminuye, el movimiento de la mente disminuirá también automáticamente. En ese momento quizá creáis que vuestra mente está de veras centrada en el objeto y podéis experimentar algún tipo de tranquilidad, pero esta tranquilidad no es positiva ni constructiva. Si cultiváis este tipo de tranquilidad negativa, vuestra mente perderá agudeza, algo muy perjudicial. Por lo tanto, es importante, importantísimo que vuestra mente conserve la agudeza y se mantenga totalmente alerta.

¿Cómo podéis manteneros totalmente alerta? Cuando vuestra energía mental disminuye, no puede producirse un estado elevado de la mente. Por ejemplo, si empezáis a practicar la meditación unidireccional y vuestra mente en ese momento se siente un poco triste, ese estado anímico disminuye automáticamente la actitud atenta de la mente. En ese momento necesitáis esforzaros para elevar el estado o el ánimo de vuestra mente.

Para un cristiano un buen método sería pensar en la gracia o la misericordia de Dios y reflexionar en lo afortunados que somos. El hecho de pensar en este tipo de cosas, que os hacen sentir más felices, tener más esperanza y confiar en vosotros mismos, os levantará el ánimo.

A veces podéis experimentar lo contrario; es decir, vuestra mente está demasiado excitada. Este estado mental supone también un gran obstáculo para la meditación unidireccional. Cuando estéis practicando esta meditación y vuestra mente se distraiga demasiado debido a la excitación, pensad que a causa de esta actitud mental vuestra práctica y experiencia espiritual no se desarrollará demasiado. Debéis pensarlo porque este estado de excitación hará que vuestra meditación unidireccional fracase. Al tenerlo en cuenta, vuestra excitación disminuirá un poco. Cuando advirtáis que la mente se calma ligeramente, con esa base más serena seguid meditando. De modo que en la meditación hay métodos para evitar tanto el embotamiento mental como la excitación.

Un día normal y corriente

❀

Por último, permitidme decir algo sobre la meditación que practico durante un día normal y corriente de mi vida. Debo añadir que no soy muy buen practicante. Normalmente me levanto a las tres y media de la madrugada. Acto seguido hago algunas recitaciones y cánticos hasta la hora de desayunar, y luego medito practicando sobre todo la meditación analítica. Después de cada meditación analítica, realizo la meditación unidireccional. El objeto de mi meditación es principalmente el origen dependiente, porque a causa de él las cosas son vacías, según la filosofía madiamika de Nagarjuna y la interpretación de Chandrakirti.

Meditar sobre ello me da la firme convicción de la posibilidad de la cesación de las emociones aflictivas. Éste es uno de los principales objetos de mi práctica. El otro es la compasión. Ambos son los objetos de mi práctica. Si me preguntáis acerca de la experiencia que poseo en la práctica, os diré que creo que tengo alguna. Y, basándome en ella, puedo aseguraros que la mente siempre está cambiando, así que por más fuerte que sea una emoción aflictiva, siempre hay la posibilidad de un cambio. La transformación siempre es posible. Por lo tanto, siempre hay esperanzas. Creo que lo que de veras merece la pena es hacer un esfuerzo.

La tradición budista tibetana también se compone del *tantrayana*, un sistema en el que uno dedica mucho tiempo a la visualización al practicar el yoga de la deidad.[1] En ella se incluye visualizar el proceso

1. Véanse las páginas 139-140 para la descripción de la expresión *yoga de la deidad*.

de la muerte y el renacimiento. En realidad, en mis oraciones y mi práctica diaria, visualizo la muerte ocho veces y el renacimiento ocho más. No visualizo necesariamente la reencarnación del Dalai Lama, sino alguna reencarnación. Creo que estas prácticas son muy poderosas y útiles para irnos acostumbrando al proceso de la muerte, así, cuando llegue, estaremos preparados. Pero cuando me ocurra a mí ignoro si estas prácticas preparatorias me serán realmente beneficiosas. Supongo que a pesar de toda esta preparación para la muerte, ¡quizá cuando me llegue la hora yo sea un fracaso! También es posible.

Hay otra clase de meditación que es como rezar. Su objetivo es recordar los diversos niveles y etapas del sendero rememorando algo que uno ha memorizado en cada etapa y reflexionando sobre ello.

Así que desde las tres y media de la madrugada hasta las ocho y media de la mañana me dedico por completo a la meditación, a la oración, y a actividades similares. Durante este tiempo hago algunos descansos, incluido uno para tomar el desayuno —normalmente a las cinco— y efectuar algunas postraciones. Después de las ocho y media, si estoy de buen humor, hago un poco de ejercicio físico. Escucho también siempre las noticias de la BBC, algo muy importante. Luego voy al despacho y trabajo hasta el mediodía. Y si es un día festivo, empiezo a leer algún texto importante. Normalmente, durante la oración y la meditación no utilizo ningún texto. Al mediodía, almuerzo. Y a continuación, por lo general, voy al despacho y trabajo un poco. A las seis de la tarde tomo el té y ceno como un monje budista. Y, por último, alrededor de las ocho y media, me acuesto: ¡mi más tranquila y favorita meditación!

3

El sendero del estado de calma

Hay un estado de meditación llamado «estado de calma». Aunque yo lo describa basándome en los textos budistas, es una práctica común tanto para los budistas como para los no budistas. Por ejemplo, en la India ambos grupos la practican. Por eso creo que nuestros hermanos y hermanas cristianos pueden también practicar esta forma de meditación.

Cómo vencer
los obstáculos

Con respecto a alcanzar el estado de calma, hay cinco defectos u obstáculos que impiden su desarrollo; y ocho antídotos para combatirlos.

El primer defecto es la pereza. Para él existen cuatro antídotos: la fe, la aspiración, el esfuerzo y la flexibilidad.

En este caso, fe significa tener fe en las cualidades de la estabilización meditativa. La aspiración es el anhelo de alcanzar la estabilización meditativa y es inducida por medio de la fe. El esfuerzo significa hacer todo lo posible para alcanzar la estabilización meditativa. En cuanto al último antídoto, la flexibilidad, en este punto uno todavía no goza de ella, pero puede reflexionar sobre sus ventajas. Una de ellas es que el cuerpo, comparado con su estado habitual, será muy ligero y flexible. Además seréis capaces de fijar vuestra mente en cualquier virtud que queráis. De manera que, como antídoto para la pereza, podéis reflexionar sobre las cualidades de la flexibilidad que obtendréis al vencer la pereza.

En cuanto a las clases de pereza, a menudo es de un tipo que nos hace pensar: «¡Oh, no puedo, no valgo lo suficiente, no puedo hacerlo en absoluto!». Aunque esta actitud no suela mencionarse explícitamente, es muy importante contrarrestar esta sensación psicológica de inferioridad, lo cual puede lograrse reflexionando sobre diversos principios alentadores. Para un budista, una buena forma de hacerlo sería reflexionar sobre el hecho de que todo el mundo tiene la naturaleza búdica y, por tanto, uno también la posee en su interior. Además podría reflexionar sobre la maravillosa situación en la que se encuentra, porque goza de tiempo libre y de buena suerte, algo difícil de poseer: en esta vida tenemos un cuerpo humano que nos proporciona el suficiente tiempo para poder practicar, y las condiciones para la práctica, la vida espiritual. Al reflexionar sobre este hecho podemos comprender la buena situación en la que estamos y vencer así la pereza de sentirnos inferiores.

Desde el punto de vista cristiano, se podría reflexionar sobre el hecho de que la gracia de Dios está siempre presente, que sus bendiciones están siempre ahí a punto para ser recibidas. Con esta actitud, uno puede vencer la clase de pereza que conlleva el sentimiento de «¡no puedo hacerlo en absoluto!».

El segundo defecto, o sea, olvidar el objeto sobre el que uno medita, se vence siendo plenamente conscientes. La función de este estado es evitar que nos distraigamos con otros objetos, y sólo puede funcionar con un objeto con el que estemos familiarizados, que ya conozcamos. Al desarrollar la plena consciencia, ésta puede realizar su función de evitar que nos distraigamos con otros objetos. El estado de calma se alcanza, pues, principalmente desarrollando la habilidad de ser conscientes.

Ser conscientes

Para desarrollar una profunda consciencia es importante actuar siendo conscientes de todos y cada uno de los aspectos de nuestra conducta. Tanto si estamos andando como de pie, sentados o tendidos, es importante ser conscientes de lo que estamos haciendo.

Para poder serlo continuamente necesitamos ser aplicados, algo muy importante para todos los practicantes religiosos, por eso es necesario tener una base ética para desarrollar el estado de calma. Es decir, la conducta ética requiere que seamos conscientes de lo que estamos haciendo, y que lo hagamos con aplicación. Esta concienciación y aplicación desarrollada en la práctica ética mejorará además nuestra meditación.

El silencio es también muy importante, importantísimo para la práctica de ser conscientes, porque tenemos una gran diversidad de pensamientos e ideas circulando por nuestra mente. Estos pensamientos surgen como si siguieran a los sonidos. El propio lenguaje, por lo tanto, induce a un cúmulo de pensamientos distintos. Pero cuando permanecemos en silencio, con el paso del tiempo, este silencio irá disminuyendo poco a poco la cantidad de pensamientos. En Dharamsala hay un practicante religioso compañero nuestro que de vez en cuando se pasa un mes en completo silencio. Pero los sábados, habla. A veces hace esta práctica durante varios meses. Con este tipo de ayudas el objeto de la meditación se mantiene a través de la energía de la consciencia.

La dispersión

❀

El tercer defecto lo constituyen el letargo y la excitación. Su antídoto es la introspección. Si hemos desarrollado un profundo estado de plena consciencia, la introspección surgirá por sí sola. Pero una manera especial de desarrollarla consiste en inspeccionar de vez en cuando qué está sucediendo en nuestro cuerpo y en nuestra mente. En cuanto al letargo, en su forma más burda es como una oscuridad en la que el sujeto pierde el objeto. Y en su forma sutil, el objeto se percibe con suficiente claridad, pero la mente del sujeto tiene poca claridad. Es decir, la conciencia que presta atención al objeto está confundida. En este caso, se corre el gran peligro de confundir este sutil letargo con una auténtica meditación.

También es cierto que estar «disperso» —es decir, distraído— ante cualquier tipo de objeto es un serio defecto ligado a haber desarrollado poco la meditación. Sin embargo, en el budismo el deseo se describe como una importante causa de dispersión, porque todo el mundo se distrae mucho a causa de los objetos de deseo. Por eso la excitación, que en este caso significa la excitación producida por el deseo, se subraya y suele mencionarse en lugar de la dispersión.

Cualquier tipo de dispersión es perjudicial. Por ejemplo, si estáis cultivando en la meditación la fe en Dios y durante este tiempo os distraéis con otro objeto, como el cultivo de la compasión, debéis interrumpir la distracción en el acto. Aunque el cultivo meditativo de la compasión sea algo que soléis practicar, debéis hacerlo en otro momento. Con relación a cultivar la compasión en la meditación, ocurre lo mismo. Si en ese momento os distraéis intentando desarrollar la fe en Dios, debéis detener esta meditación enseguida.

Para poner un ejemplo, lo que uno intenta hacer es encender un fuego y mantenerlo vivo añadiendo leña. Si en lugar de añadir leña os ponéis a hacer otra cosa —aunque sea algo positivo— el fuego disminuirá o se apagará, y tendréis que volver a encenderlo. De igual modo, cuando surge el letargo o la excitación, nuestra mente cae fácilmente en su poder.

El equilibrio

❦

También es un defecto no aplicar los antídotos para el letargo y la excitación, lo cual sería un ejemplo del cuarto defecto, en concreto «no aplicar los antídotos».

Por añadidura, los antídotos para el letargo pertenecen a la clase de los que elevan la percepción de la mente.

En cambio, los antídotos para la excitación pertenecen a la clase de los que disminuyen ligeramente la percepción de la mente.

Si tras aplicar el antídoto para el letargo o la excitación, lo que os ha estado importunando no disminuye y, no obstante, seguís aplicando el antídoto, esta misma actividad se convertirá en un defecto. Lo cual constituye el quinto y último defecto: «la aplicación excesiva de los antídotos». En este caso, debéis limitaros a dejar de aplicar el antídoto.

El estado de calma

❧

Ahora veremos las etapas que se atraviesan en el sendero que conduce al estado de calma. En primer lugar, está la etapa llamada «fijar la mente», en la que uno intenta fijar la mente en el objeto de meditación. Cuando por medio del esfuerzo se logra fijar la mente con mayor continuidad en el objeto, esta etapa se llama «fijación continuada». Después, al advertir cuándo nos distraemos y volver a fijar la mente en el objeto, se alcanza un punto en el que durante dos tercios del tiempo uno puede permanecer concentrado en el objeto. Esta etapa se llama «nueva fijación». Cuando uno logra aplicar con más eficacia los antídotos para el letargo o la excitación de carácter burdo, llega a la cuarta etapa, denominada «gran fijación». Más tarde, al afrontar el letargo y la excitación sutiles y vencerlos, uno pasa a la quinta etapa (llamada «disciplinar»), la sexta (llamada «pacificar»), la séptima (llamada «pacificar totalmente), la octava (llamada «alcanzar la unidireccionalidad») y, por último, la novena (llamada «permanecer en equilibrio»).

Como se indica en los textos budistas, cuando uno alcanza la novena etapa, obtiene un nivel de meditación unidireccional que aún pertenece al «reino del deseo». En el budismo se dice que hay tres reinos: el reino del deseo, el reino de la forma y el reino sin forma. Permanecer en equilibrio está catalogado dentro del reino del deseo.

Aunque la novena etapa en sí misma no constituya el estado de calma, en esta etapa, a través de la continua meditación, uno llega a desarrollar el estado de calma. Tanto las fuentes budistas como las hindúes presentan este estado de calma como la preparación inicial para un nivel de meditación llamado la «primera concentración». Así pues, el estado de calma se llama el «no imposible», porque al cultivarlo podemos alcanzar la primera concentración. Después, al seguir cultivándolo continuamente, se alcanza la segunda, tercera y cuarta concentración. Estas cuatro concentraciones pertenecen al mundo de la forma. Además de ellas, están los cuatro estados superiores, denominados absorciones, que pertenecen al reino sin forma. Los objetos de estas absorciones incluyen el espacio ilimitado, la conciencia ilimitada, la llamada nada y la cúspide de la existencia cíclica.

No creo que nuestros hermanos y hermanas cristianos necesiten desarrollar las cuatro concentraciones ni las cuatro absorciones del reino sin forma. Lo que sí es importante para ellos es cultivar el estado de calma o el nivel de la mente unidireccional, que pertenece al llamado reino del deseo. El objetivo de desarrollar este estado de calma es que nuestra mente adquiera unas cualidades realmente sólidas y positivas, tales como la fe. La estabilidad de esta clase de meditación fortalecerá mucho vuestra fe. El propio contenido de la fe y otras cualidades espirituales de la mente pueden comprenderse y describirse según la respectiva tradición religiosa de cada uno.

4

❦

La vida espiritual

Para los que estén interesados en la vida espiritual —que para los budistas está personificada en la actitud, las acciones y las actividades del *bodhisatva*[1]— es importante comprender que es necesario preocuparse por el bienestar de la sociedad y mantener una sólida relación con ella.

1. Un *bodhisatva* es una persona que emprende el sendero de la Budeidad en beneficio de todos los seres vivos.

La caridad

En la práctica de un bodhisatva, hay seis perfecciones. La primera es la perfección de dar, de la caridad. Hay tres clases de dar: 1) dar cosas materiales; 2) dar el Dharma o las enseñanzas religiosas, y 3) dar la cualidad de «no tener miedo», es decir, liberar a los seres del miedo. Estas tres clases de caridad —dar cosas materiales, dar enseñanzas y dar la cualidad de no tener miedo— están forzosamente vinculadas a la sociedad. Nuestros hermanos y hermanas cristianos también ponen en práctica estas formas de dar en los campos del servicio social, la educación y la salud.

Para ayudar eficazmente a la comunidad, tenéis

que vivir en medio de la sociedad. Con ello corréis el peligro de que esta participación social debilite vuestra práctica espiritual. Por eso, según la enseñanza del *bodhisatva*, durante el periodo inicial de la vida espiritual, lo más importante es desarrollar unas sólidas cualidades mentales. Una vez hayáis adquirido la fuerza interior y la autoconfianza necesarias para mantener vuestra vida espiritual en las situaciones difíciles, será el momento adecuado de implicaros con la sociedad.

Aunque en la vida cotidiana os dediquéis a ser caritativos y a ayudar a la sociedad, también debéis dedicar tiempo a vuestra práctica espiritual. Es como si recargaseis las pilas, así podréis utilizar esta carga para el resto del día. Creo que es muy importante. Nuestros hermanos y hermanas cristianos deben seguir el mismo modelo. Aunque participéis de lleno en el campo de la educación o del bienestar social, no tiene sentido descuidar la práctica espiritual. Las actividades sociales y la práctica espiritual van unidas.

La moralidad y la paciencia

L a segunda de las seis perfecciones de la vida del *bodhisatva* es la práctica de la ética. Para los *bodhisatvas* la idea principal de la práctica de la ética es no preocuparse tanto por uno mismo y vivir de manera más plena en beneficio de los demás. La tercera perfección consiste en la práctica de la tolerancia o la paciencia. Hay tres clases de paciencia: 1) no preocuparse por ningún daño que uno pueda sufrir, 2) aceptar voluntariamente las dificultades y 3) la paciencia o la tolerancia que comporta descubrir la doctrina.

En cuanto a la ética altruista que beneficia a los demás y también con relación a la paciencia de aceptar las dificultades y de no preocuparse por uno mismo, los budistas opinan que es totalmente similar a la práctica de nuestros hermanos y hermanas cristianos. En particular, su estilo de vida monástica fomenta deliberadamente la moralidad, la sencillez y el contento. Incluso la comida es sencilla. De hecho, después de un programa de intercambio, un grupo de monjes nuestros regresó de su viaje a Estados Unidos, y mientras mantenía un encuentro con ellos, me expresaron cuánto habían disfrutado visitando los monasterios cristianos. Se enriquecieron con muchas experiencias y —lo más importante— su actitud hacia el cristianismo cambió también muchísimo. La única queja fue que en algunos monasterios después de las comidas se habían quedado con el estómago medio vacío. Gracias a la bondad de algunos de sus nuevos amigos, pudieron conseguir algunas galletas más.

Creo, además, que la práctica cristiana de la pobreza, incluso en las comidas, es muy valiosa para disminuir la codicia o el apego. Y no cabe duda de que la comunidad monástica cristiana practica la paciencia y la tolerancia. Si alguien los abofetea, ponen la otra mejilla. Aparece en el Evangelio, y desde luego nosotros tenemos la misma práctica.

En el budismo existe además la tolerancia con relación a descubrir el significado de la doctrina. También en este caso el modelo básico es el mismo para ambas tradiciones. En el budismo, al estudiar temas muy difíciles como la vacuidad, al principio quizá a un budista le cueste aceptarlos o comprenderlos y necesita tener paciencia. De igual modo, con relación a las creencias cristianas o a la fe en Dios, a veces un cristiano puede dudar y también necesita ser tolerante para descubrir el significado de tener fe en Dios.

El esfuerzo

❦

La cuarta perfección del *bodhisatva* es el esfuerzo. Cada practicante religioso necesita esforzarse.

Al decir esfuerzo me refiero a un entusiasmo por la práctica de la virtud. En su aspecto positivo, significa prestar atención a lo que debe alcanzarse. En su aspecto negativo, vencer las fuerzas que se oponen a este esfuerzo, es decir, los diversos tipos de pereza.

Uno de ellos consiste en el apego a las actividades sin sentido de la vida mundana. Otro, la pereza de pensar: «¡No puedo hacerlo en absoluto!», lo cual constituye un problema de baja autoestima.

Otra forma de pereza es dejar las cosas para más tarde. Como estos problemas los tiene cualquier practicante religioso, las prácticas del esfuerzo sirven para todos.

La sabiduría

La quinta perfección es la concentración. Como ya he hablado sobre ella pasaré a la sexta perfección, en concreto, la perfección de la sabiduría. Intentaré explicar la idea budista de la sabiduría y el tipo supremo de sabiduría, es decir, la realización de la vacuidad.

Entre las distintas clases de sabiduría, está la de conocer la variedad de fenómenos y la sabiduría de conocer el modo de ser de los fenómenos. Entre estas dos sabidurías, la última —la sabiduría de conocer el modo de ser o la naturaleza última de los fenómenos— es la más importante. Constituye la sabiduría de percibir la vacuidad.

¿Qué debemos entender por la palabra *vacui-dad*? Hay muchas distintas maneras de presentar el significado de vacuidad. A un nivel, significa comprender que la persona no es permanente, unitaria ni posee un yo inmutable. Dentro del budismo todas las escuelas aceptan esta forma de comprender la vacuidad. Después, a un nivel más sutil, está la vacuidad de la independencia personal. Una persona independiente significa que tiene una naturaleza, y que la mente y el cuerpo tienen naturalezas distintas a la de la persona. Es como un señor y sus dos súbditos; es decir, el señor (la persona) tiene una naturaleza distinta a la de los súbditos (la mente y el cuerpo). Esta vacuidad significa que no existe una persona (el señor) separada de la mente y el cuerpo (los súbditos), que hay una vacuidad de este tipo de persona. Después hay otra relacionada con la falsa idea de un individuo que considera que la persona, la mente y el cuerpo tienen la misma naturaleza esencial, pero que sigue creyendo que él es el amo, y la mente y el cuerpo los súbditos que reciben las órdenes.

En el budismo, las escuelas de Sólo Mente y del Camino Medio hablan también de la falsa idea del «yo de los fenómenos» y de una vacuidad del «yo de los fénomenos». La escuela de Sólo Mente describe dos clases de ideas falsas básicas a este respecto. Una de ellas es creer que el sujeto y el objeto son entidades distintas. Y la otra, que los fenómenos existen por sí mismos como referentes de las palabras y pensamientos conceptuales que creamos sobre ellos. La escuela de Sólo Mente enseña, por tanto, que existe una vacuidad de estos dos tipos de estados.

La escuela del Camino Medio habla sobre la falsa idea de que los fenómenos existen de forma real o suprema. Como esta afirmación se interpreta como aquello que debe negarse, esta escuela habla también de una vacuidad de la existencia real o suprema de los fenómenos. La escuela del Camino Medio hace más distinciones aún. Una tradición suya, la escuela de la Autonomía, mantiene que los fenómenos que se aparecen ante una conciencia no defectuosa —una conciencia sin ninguna clase de errores superficiales— existen en realidad convencionalmente. Por lo tanto, ¿qué es lo que esta escuela postula como verdadera existencia cuando dice que los fenómenos están vacíos de verdadera existencia? Para esta tradición, el estado falso consiste en que los fenómenos no se postulan a través de la fuerza de aparecerse ante una conciencia no defectuosa, sino que se establecen por medio de su único modo de ser. Este estado es la verdadera existencia que está siendo negada o declarada vacía.

En la otra escuela del Camino Medio, llamada la escuela de la Consecuencia, Buddhapalita, Chandrakirti y Santideva describen el pensamiento final de Nagarjuna. En este sistema final, el modo como se aparecen los fenómenos ante un conciencia no defectuosa —como si existieran en sí mismos— se toma como aquello que debe ser negado en la vacuidad.

En realidad, los fenómenos no existen de ese modo, existen sólo de nombre. Por lo tanto, la vacuidad es la ausencia de este exagerado estado de los fenómenos: que existen por sí mismos. La vacuidad de esta existencia inherente a los fenómenos es el sin-yo más sutil de los fenómenos. Al final, se comprende este hecho a través de la sabiduría.

El amor y la compasión

❦

Además de las seis perfecciones de la vida espiritual budista, desearía mencionar algo que aparece en los textos budistas porque creo que es muy adecuado para nuestras hermanas y hermanos cristianos: la importancia de cultivar una intención altruista para desarrollarnos espiritualmente en beneficio de los demás.

En este proceso de perfeccionamiento, lo primero que comprendemos es que nos valoramos en exceso y que en cambio no valoramos demasiado a los demás. Luego debemos reflexionar en las desventajas de valorarse a uno mismo en exceso y en las ventajas de valorar a las otras personas. A través de este pro-

ceso meditativo, dejamos de valorarnos tanto y valoramos más a los demás. En este caso desarrollamos lo
que se denomina «olvidarnos de nosotros mismos
para interesarnos más por el bienestar de los demás».

Lo cual no significa que debáis descuidar vuestra
propia situación por completo. Para desarrollar la va-
loración de los demás, necesitáis conocer lo que significa valorarse a sí mismo. El altruismo no significa
olvidarse de uno mismo, sino más bien disminuir el
sentimiento egoísta que nos lleva a explotar a los
demás o a perjudicarlos. En general, la baja autoestima es muy negativa. Creo que subestimarse u
odiarse a sí mismo es muy triste. No es bueno en
absoluto.

Cuando afrontamos distintas emociones mentales, necesitamos saber exactamente cuál es positiva y
cuál negativa. Por ejemplo, hay dos clases de deseo:
el deseo de ser más feliz y el deseo de estar cerca de
Dios, ambos son muy constructivos. En cambio,
otros deseos, como querer todo tipo de cosas, a la

larga nos conducen a la decepción y al desastre. Hay además dos clases de ira. Una de ellas, motivada por la compasión, es en su real sentido muy constructiva. Pero la otra, la ira que acaba convirtiéndose en odio, es totalmente negativa. De modo que hay que saber distinguirlas.

El sentimiento del ego, el sentido de un fuerte yo, también es de dos tipos. Uno de ellos consiste en pensar: «¡Yo puedo trabajar duramente para ayudar a los demás!». Para desarrollar semejante determinación, necesitamos tener un fuerte sentido del yo que resulta muy positivo. En cambio, el otro tipo nos lleva a dañar a otros sin siquiera dudarlo. Esta clase de fuerte sentimiento del ego es muy negativo. De nuevo, al afrontar distintas emociones necesitamos saber distinguirlas mientras desarrollamos el amor y la compasión.

Yo sugeriría que, para cultivar la compasión en la vida espiritual, eligiéramos como objeto de meditación a los seres sensibles que están sufriendo enormemente y desear que se liberen del sufrimiento. Y para cultivar el amor, podríamos elegir como objeto de meditación a los seres que están privados de felicidad y generar el deseo de que puedan alcanzarla.

En ambos casos, la compasión y el amor generados deben ser imparciales. Normalmente, los sentimientos que albergamos hacia nuestros amigos nos hacen desear su bienestar de manera natural. Lo cual no es forzosamente una auténtica compasión, porque está mezclada con apego. Por consiguiente, constituye un sentimiento parcial dirigido únicamente a un limitado número de personas. Además, como nuestros amigos nos demuestran una actitud positiva, como respuesta nos sentimos cerca de ellos. Pero esto no es un amor genuino.

La compasión y el amor genuinos no tienen en cuenta la actitud que los demás tengan hacia nosotros, sino que más bien, basándonos en comprender que los demás son como nosotros —que también desean ser felices, que no quieren sufrir y tienen derecho a liberarse del sufrimiento—, basándonos en ello podemos desarrollar un verdadero interés por los demás. Lo cual constituye un amor y una compasión auténticos, que no son parciales e incluso se irradian hacia nuestros enemigos.

Pero ¿cómo podemos desarrollar esta clase de interés? El modo de desarrollar amor y compasión consiste en visualizar en primer lugar a un ser que sufre tanto que sentimos que nuestra mente ordinaria no puede soportarlo. Incluso no queremos ni verlo. Pensad en él y reflexionad sobre las cualidades de su sufrimiento. Después reflexionad en el hecho de que él es como vosotros, en el sentido de que desea ser feliz y no quiere sufrir. Con el paso del tiempo, llegaréis a sentir un intenso interés por esa persona. Así es como se desarrolla el amor y la compasión.

Más tarde meditad sobre otras personas cercanas a vosotros, una por una. Y al final, trabajad con vuestros enemigos, uno por uno, pensando en ellos y viendo que son como vosotros, en el sentido de que desean ser felices, no quieren sufrir y tienen derecho a liberarse del sufrimiento. Así, desarrollaréis el mismo profundo interés por ellos. Es importante subrayar que debemos desarrollar amor y compasión hacia aquellos seres por los que nos cuesta interesarnos. En los Evangelios aparece también el mismo mensaje sobre la necesidad de desarrollar paciencia y tolerancia hacia nuestros enemigos. Aquí se encuentra la verdadera base de la vida espiritual, la que vivimos en beneficio de los demás, en beneficio del mundo.

5

La guía espiritual

El *bodhisatva* no sólo beneficia a la sociedad con su compasiva práctica de las seis perfecciones, sino que también se convierte en un maestro y un modelo de conducta por su forma espiritual de vivir y su sabiduría. Según el vehículo del *bodhisatva*, las prácticas del *bodhisatva* se dividen en dos partes. La primera consiste en la práctica de las seis perfecciones para desarrollar o madurar el continuo mental. Y la segunda se relaciona con enseñar a los demás, ya que el *bodhisatva* debe poseer además los llamados «cuatro medios para reunir a estudiantes». El primer medio es proporcionar cosas materiales a los estudiantes. El segundo, hablar de forma agradable acogiendo al estudiante y mostrando interés por él. El tercero, enseñar a los estudiantes qué deben adoptar en la práctica y qué deben abandonar en su conducta. Y el cuarto consiste en practicar lo que se enseña a los demás. Si un gurú enseña a uno de sus estudiantes a comportarse, pero él no practica lo que enseña, el estudiante dirá: «¡Deberías ser tú el primero en practicarlo! ¡Deberías ponerlo en práctica!».

Las enseñanzas

Hay dos tipos de enseñanzas budistas: las enseñanzas de las Escrituras y las enseñanzas realizativas. Estas enseñanzas se abordan a través de las explicaciones y de la práctica. Y es con relación a estos dos acercamientos relacionados con las enseñanzas que la comunidad espiritual es importante.

En el cristianismo, la comunidad espiritual también es muy importante. En el budismo se puede saber si las enseñanzas del Buda son una práctica viva o no basándose en el funcionamiento de cierto número de monjes y monjas. Cuando la comunidad monástica observa las tres prácticas monásticas básicas, se puede decir que las enseñanzas del Buda siguen vivas. Asimismo, las enseñanzas de Cristo deberían mantenere vivas a través de la comunidad cristiana.

Después de que el Buda se Iluminó, empezó a enseñar las reglas de la disciplina para guiar a los seres por la senda budista. Con el paso del tiempo el Buda enseñó el *Pratimoksha*, que constituye nuestro linaje de preceptos monásticos. Se dice que los Budas enseñan el refugio y que el *Dharma* —las enseñanzas de las Escrituras— son el verdadero refugio. Las hermanas y hermanos que ayudan a los demás a gozar de este refugio es la comunidad de la *Sangha*, de la cual se dice que es como si estuviera constituida de enfermeras y ayudantes que cuidan a los enfermos.

Así pues, la comunidad es un grupo que debe de veras trabajar y actuar unido para hacer realidad el *Dharma* en el mundo. Sin una comunidad que haya interiorizado las prácticas, la disciplina y todo lo demás, no pueden existir las enseñanzas budistas. El Buda dijo que si había una *Sangha*, una comunidad espiritual que había interiorizado esas prácticas, podía empezar entonces a sentirse muy tranquilo.

El celibato

En cuanto a nuestros preceptos, desearía decir algo sobre el celibato. Aunque constituya una práctica común tanto en la comunidad monástica budista como en la cristiana, cada tradición tiene ideas distintas con relación a la práctica del celibato. En el budismo, nuestra meta es la *moksha* (liberación) o el nirvana. ¿Qué es el nirvana? Es la completa eliminación de las emociones aflictivas. Según todas las escuelas budistas de pensamiento, de entre las emociones aflictivas, el deseo o el apego es uno de los factores clave que atan a una persona a la existencia cíclica del sufrimiento. Con respecto a ello, el deseo sexual es una de las clases de apego más poderosas.

Y como nuestra meta es liberarnos de estos apegos, la práctica del celibato se vuelve muy importante. Así es como el budismo comprende la práctica del celibato.

Aunque el cristiano tenga un concepto distinto del celibato, el resultado es el mismo. Ambas tradiciones dicen que los monjes y monjas —o los sacerdotes en la tradición cristiana— no deben practicar el sexo. Las razones no vienen al caso, lo que sí es importante es que la práctica del celibato es similar en ambas tradiciones.

Con respecto a esta práctica, a veces puede parecer que va en contra de la naturaleza humana, porque la sexualidad es una energía biológica natural y vital para la reproducción humana. De ahí que el celibato no sea fácil. Pero al mismo tiempo, a nivel espiritual es muy importante. Por eso, al practicar el celibato, necesitamos tener una firme determinación basada en el conocimiento de las desventajas de la práctica sexual y de las ventajas del celibato.

Creo que para adquirir este conocimiento es conveniente examinar el estilo de vida de un laico. Por ejemplo, observad esas parejas que no tienen hijos y se preocupan enormemente por poder tenerlos. O esas otras que empiezan a tener hijos y se inquietan porque tienen demasiados y han de usar algún tipo de control de natalidad, lo cual también supone un gran problema. Y lo peor de todo es el aborto, que comporta trastornos y cargas mentales. Y una vez uno forma una familia, pierde la mitad de su libertad. Quizá la vida de los que tienen familia o de aquellos que tienen experiencias amorosas esté llena de color, pero creo que esa clase de vida comporta también muchas cargas.

De modo que aunque tengamos una vida menos llena de color, gozamos de más estabilidad mental. Y a la larga, eso también es bueno para la salud. Creo que es muy positivo pensar en el celibato en estos términos. Un estilo de vida basado en el celibato incluso tiene ventajas a corto plazo, como la estabilidad mental. En la tradición budista el celibato es a largo plazo de gran ayuda para liberarse de la existencia cíclica. Y según la tradición cristiana sirve también para desarrollar una mayor devoción a Dios y otros aspectos de la vida espiritual, como dedicarse a ayudar a los demás.

Las reglas

En el budismo hay unas reglas generales que son para monjes y monjas, y otras específicas para unos determinados monasterios. En el cristianismo se da el mismo caso, ya que hay unas reglas generales para monjes y monjas, y también otras especiales dirigidas a ciertas comunidades monásticas. Por ejemplo, he observado que en algunos monasterios después de terminar el almuerzo cada monje lava su cuchara y su tenedor. ¡Para mí fue una nueva experiencia!

Tiene mucha, muchísima importancia que en la vida monástica se observen unas reglas estrictas. No se trata de imponerlas a la fuerza, sino que más bien uno se autoanaliza para ver si, debido a ciertas razones, se siente atraído a convertirse en monje o monja. Y después, una vez convencido de ello, acepta de buen grado la disciplina que se le impone.

En todas las tradiciones religiosas las reglas constituyen unas ayudas muy importantes para seguir la vida espiritual. Como algunas ayudas son más esenciales que otras para cultivar la vida espiritual, en nuestra clase de disciplina en general hay prácticas que deben mantenerse rigurosamente, y otras de manera más relajada. Algunas personas son más estrictas que otras. Yo prefiero ser más estricto, ya que creo que es muy beneficioso porque cuando uno empieza a relajarse demasiado en la vida espiritual, aparece como una pequeña grieta y esa falta de rigor va aumentando cada vez más. Por lo tanto, es muy importante ser estrictos desde el principio.

El maestro espiritual

Desearía decir algo más sobre el maestro espiritual, que puede ser de utilidad tanto para los cristianos como para los budistas. Para que exista una comunidad espiritual buena y sólida, debe haber maestros que enseñen bien la senda, y para ello necesitan proporcionar los modelos de conducta adecuados. Enseñar sobre temas espirituales no pertenece sólo al nivel intelectual, sino que el maestro debe además demostrar con su ejemplo lo que enseña a sus seguidores. Ha de constituir un modelo ante los ojos de sus seguidores. Así los estudiantes sentirán por él un aprecio y respeto auténticos. Pero si el maestro dice una cosa y hace otra, ¿cómo pueden los estudiantes desarrollar un genuino respeto? Y sin ese respeto, ¿cómo puede el maestro guiar a los estudiantes en la vida espiritual? La auténtica guía espiritual no se lleva a cabo por medio de la fuerza, sino que surge del respeto y la devoción otorgados libremente. Por consiguiente, es sumamente importante tener un maestro de la mejor calidad, como Thomas Merton.

En los textos budistas se habla de tres cualidades distintas que el maestro debe tener: 1) el maestro debe ser cultivado, 2) disciplinado y 3) tener buen corazón. Como ya se dijo en una tradición tibetana más temprana, debe ser cultivado sin que ello entorpezca la disciplina, y ser disciplinado sin que ello le impida ser cultivado. Es necesaria la unión de la erudición y la disciplina. Pero aunque uno tenga ambas cosas, sin un buen corazón no podrá ayudar a los demás.

Una relación espiritual

L a relación entre maestro y estudiante es también muy importante. Como esta relación se desarrolla en un contexto religioso, afecta a la ejecución de la práctica religiosa del estudiante. En cierto sentido, los maestros no son designados, sino que es el estudiante quien elige al maestro, el que hace que esa persona sea su gurú, porque ve en él ciertas cualidades espirituales.

Así pues, al principio, la parte que desempeña el estudiante en la relación es absolutamente decisiva. Es necesario que observe, compruebe e investigue si una persona tiene las cualidades adecuadas para ser un gurú, si es de fiar o no. En especial al principio, este tipo de examen o investigación es sumamente importante. De lo contrario, si os apresuráis a aceptar a una persona como vuestro gurú sin investigar demasiado, con el paso del tiempo puede que le encontréis algún defecto y perdáis el respeto que sentíais por vuestro maestro, algo que no es bueno para un practicante espiritual.

Como en la relación estudiante-maestro las cualidades que ha de tener un buen maestro son tan importantes, el mismo Buda habló con gran claridad de los distintos tipos de requisitos que los maestros de diversos niveles deben reunir. Por ejemplo, el Buda habló detalladamente de los requisitos que precisa un maestro de laicos, un maestro que ordena a los novicios e incluso un maestro que confiere la ordenación completa. En la comunidad, a todos estos niveles, el auténtico gurú —con erudición, disciplina y un buen corazón— guía a los practicantes instruyéndolos y con su propio ejemplo.

Mis gurús personales

❦

Personalmente, he tenido diecisiete gurús de distintos linajes budistas. Tuve dos tutores oficiales de quienes recibí enseñanzas durante más tiempo. Uno me ordenó como *bhiksu* [monje budista con la ordenación completa] cuando tenía seis o siete años. A partir de entonces se responsabilizó por completo de mi educación. Recuerdo que cuando yo era pequeño, él casi nunca sonreía. Yo le tenía mucho miedo y sólo en contadas ocasiones me riñó, lo cual, claro está, forma parte de la tradición tibetana.

A veces el maestro incluso utiliza un látigo. Para el joven Dalai Lama hay un látigo especial. Cuando empecé mis estudios, mi inmediato hermano mayor también estaba conmigo. De modo que mi maestro preparó dos látigos, uno para mí y otro para él. La única diferencia era que el mío era amarillo. A parte del color, los látigos eran los mismos y el dolor que producían también. ¡El color no cambiaba las cosas! Mi maestro siempre guardaba aquel látigo junto a él, pero, por suerte, nunca lo utilizó sobre mí. Sin embargo, algunas veces me amenazó con usarlo. Mi pobre hermano mayor recibió la bendición del látigo en contadas ocasiones.

Ahora me doy cuenta de que, como cuando era un joven estudiante no pensaba adecuadamente, la severidad de mi tutor fue muy apropiada. La siguiente historia mostrará por qué razón. Cuando yo era pequeño, uno de los lamas del grupo que participó en mi búsqueda fue al principio uno de mis tutores. Como era muy jovial y pacífico, nos convertimos en íntimos amigos. Cuando él venía a darme la lección, yo, en lugar de leer o recitar, me montaba a su espalda y le decía: «¡Debes salmodiar! ¡Debes leer!». Era esa clase de estudiante.

Como Aryadeva dice en sus *Cuatrocientas estrofas sobre las acciones del Bodhisatva*, un maestro debe interactuar con sus estudiantes para determinar, en primer lugar, sus emociones aflictivas predominantes. Ya sean de orgullo, agresividad, lujuria o confusión, el maestro debe responder en consecuencia. Por lo tanto, debe tratar a unos estudiantes con suavidad y a otros con dureza, riñendo a algunos, por ejemplo, y elogiando mucho a otros. El maestro debe responder según lo requiera el caso y hacerlo siempre movido por el altruismo.

Creo que la severidad de mi tutor era muy apropiada. Además siempre se mostró muy atento conmigo. Y poco a poco, a medida que fui creciendo, su actitud se fue suavizando. Nunca me hizo ningún comentario negativo y confiaba en mí totalmente, siempre estaba sonriendo y riendo. Aunque hayan pasado más de diez años desde que falleció, sigo viéndole muy a menudo en mis sueños y me inspira. Fue un gran maestro y un relevante erudito. Al mismo tiempo, nunca alardeó de su conocimiento. Siempre fue muy humilde. Si le preguntabas algo, respondía: «No lo sé. No los sé». Y si insistías, te explicaba de manera experimentada sus conocimientos. ¡Era algo maravilloso!

6

La consecución
de la meta

Después de haber tratado el papel que desempeña la guía espiritual para alcanzar la liberación, desearía decir algo sobre qué es lo que hace posible que uno pueda alcanzar el nirvana según el budismo. Hay dos factores que permiten obtener la liberación: el primero, que la naturaleza de la mente es la clara luz, y el segundo, que las ofuscaciones de la mente son adventicias y superficiales.

La mente de la clara luz

Con relación al hecho de que la naturaleza de la mente es la clara luz, se puede decir que la naturaleza básica de la mente tiene la capacidad de conocer los objetos. Por lo tanto, como la misma mente tiene la naturaleza de comprender los objetos, la ignorancia no se debe a la naturaleza de la mente, sino a algún otro factor bloqueador. Por ejemplo, si nos ponemos la mano delante de los ojos, no podremos ver nada. Esta ausencia de visión no se debe a que los ojos no tengan la naturaleza o la capacidad de ver, ya que sí la tienen, sino a que algo está obstaculizando su visión.

¿Cuáles son, pues, estos factores bloqueadores?

En las recopilaciones de las Escrituras de los *bo-dhisatvas* se describen dos clases de obstrucciones: 1) aquellos factores que son emociones aflictivas e impiden que uno se libere de la existencia cíclica y 2) aquellos factores que impiden alcanzar el conocimiento omnisciente.

La ignorancia

Entre los sistemas budistas hay muchas formas de identificar estos dos tipos de obstáculos. A continuación ofreceré una descripción basada en un texto de Nagarjuna. Como se dice en su obra *Setenta estrofas sobre la vacuidad*, ignorancia es aquello que considera que lo que surge de causas y condiciones existe por sí mismo. Y de esta ignorancia nacen los doce vínculos del origen dependiente de una vida en la existencia cíclica. Por lo tanto, Nagarjuna está diciendo que la ignorancia es una conciencia que considera que aquello que surge de causas y condiciones se produce por sí mismo, que existe de manera independiente.

¿Qué es, pues, la ignorancia? La ignorancia es un tipo de conciencia que no conoce el modo real de ser de los objetos y en lugar de ello los ve al revés de lo que son. Como Aryadeva dice en las *Cuatrocientas estrofas de las acciones del Bodhisatva*: «La semilla de la existencia cíclica es la conciencia, y los objetos son su esfera de actividad; así que cuando se percibe el sin-yo en los objetos, cesa la semilla de la existencia cíclica».

La primera parte del pasaje dice literalmente: «La semilla de la existencia cíclica es la conciencia». Si por «conciencia» Aryadeva se refiriera a que la conciencia en general —o la conciencia como tal— es la semilla de la existencia cíclica, sería imposible liberarse de ésta. Pero como la conciencia misma tiene la naturaleza de la luminosidad y del conocimiento, no hay nada que pueda impedir que tenga esta naturaleza de luminosidad y conocimiento. Por lo tanto, en este caso Aryadeva se está refiriendo a un tipo específico de conciencia aflictiva que constituye la semilla de la existencia cíclica.

Lo cual se ve con claridad cuando Aryadeva afirma que como los objetos son la esfera de la actividad de la conciencia, si uno percibe el sin-yo en los objetos, el proceso de la existencia cíclica cesará. ¿Qué significa el sin-yo de los objetos? Como Nagarjuna dice en su *Tratado sobre la [Vía] Media*: «Aquello que surge del origen dependiente es vacío». Aquello que nace dependiendo de otros factores surge con relación a algo más. Aquello que surge dependientemente o con relación a algo más es un signo de que ese objeto no existe por sí mismo. ¿Y qué nos dice esto sobre la ignorancia? La ignorancia es la conciencia que ve aquello exento de una existencia inherente, o que no existe por sí mismo, como si existiera de manera inherente o por sí mismo.

En resumen, cuando uno percibe los objetos externos e internos, no los ve como relativos, sino más bien como si existieran por sí mismos o de manera independiente. Pero no es cierto que esos objetos existan por sí mismos, y esto puede demostrarse a través del razonamiento sin que sea posible refutarlo. Así pues, aunque los objetos parezcan existir por sí mismos, en realidad no es así.

Por medio del razonamiento se puede llegar a comprender que los objetos no existen en sí mismos ni por sí mismos. Uno se va familiarizando cada vez más con esta percepción y abandona el concepto de que la existencia no es relativa, ya que estos dos modos de percibir son contradictorios. De ahí que se diga que la ignorancia tiene un antídoto y puede eliminarse. Por eso se la llama adventicia y superficial. Los dos siguientes factores nos demuestran que la liberación es posible, que puede alcanzarse: 1) la mente tiene la naturaleza de la clara luz y 2) las ofuscaciones de la mente son superficiales.

Esta filosofía es muy profunda y para mí es realmente algo maravilloso. Me da una especie de convicción sobre la realidad —sobre el vacío— y a través de ella siento que es posible eliminar las emociones aflictivas. Como dice Nagarjuna en su *Tratado sobre la [Vía] Media*, al extinguir el karma contaminado y las emociones aflictivas a través de la sabiduría, se alcanza la liberación. Por lo tanto, la liberación es el estado en el que se han extinguido las acciones contaminadas y las emociones aflictivas.

¿Qué es, pues, lo que produce el karma contaminado o las acciones contaminadas? Las acciones contaminadas proceden de las emociones aflictivas. ¿Qué es lo que produce las emociones aflictivas? Surgen de los conceptos mentales inadecuados, de la aplicación mental inadecuada. ¿De dónde surge a su vez semejante aplicación mental inadecuada? Proviene de las elaboraciones conceptuales, es decir, de las elaboraciones de la mente que concibe que los objetos existen realmente por sí mismos. Y al final estas elaboraciones cesan al meditar sobre la vacuidad.

El nirvana

¿Qué es el nirvana? Las distintas escuelas budistas de pensamiento interpretan el nirvana de diferentes formas. Según Nagarjuna y en particular Chandrakirti, el nirvana es como una cualidad de la mente. ¿Pero qué es esta cualidad? No se trata de una cualidad de la comprensión, sino de haberse liberado de las impurezas. Es un estado de eliminación de las impurezas tras haber aplicado los antídotos correspondientes. Y cuando intentamos ver qué es dicho estado, descubrimos la naturaleza última de la mente misma.

La naturaleza última de la mente existe mientras exista la mente, es decir, desde el tiempo sin inicio. O sea que esta naturaleza última de la mente ha estado con nosotros desde el principio. Pero sólo cuando adquiere la cualidad de liberarse de las impurezas a través del poder de sus antídotos, la naturaleza última de la mente se llama nirvana. Siempre hemos tenido en nosotros la base misma, los fundamentos del nirvana. No es algo que debamos buscar en el exterior. Por lo tanto, algunos practicantes de zen dicen que la Budeidad no se encuentra fuera, sino que ya está dentro de nosotros.

En la afirmación de que la existencia cíclica (*samsara*) y el nirvana son una misma cosa se encuentra otra distinción, ya que significa que no sólo la naturaleza última de la mente, sino la de todos los fenómenos, son una misma cosa. Cuando observamos los fenómenos, vemos que son muchos y distintos, buenos y malos. Pero al observar su naturaleza última, descubrimos que la naturaleza última de todos ellos tiene el mismo «sabor». De ahí que se diga que el sabor de la unidad es diverso y que la diversidad tiene un único sabor.

Desde este punto de vista, la existencia cíclica no debería considerarse mala y el nirvana bueno, sino que más bien la naturaleza de la existencia cíclica y la naturaleza última del nirvana son lo mismo. Esta postura se afirma en los sutras y en los tantras. También se hace especial hincapié en ella en el Sistema de la Gran Plenitud de la escuela ñígmapa tibetana.

Dios y el yoga de la deidad

He estado hablando sobre la meta del nirvana en el budismo. No obstante, liberarse de las emociones negativas es algo de gran importancia para todas las personas religiosas, y espero que este análisis pueda ser de utilidad también para los cristianos. Como es natural, para ellos la meta de la vida espiritual implica además la unión con Dios, lo cual se diferencia del nirvana que he descrito. Pero desearía añadir que cuando se habla de Dios en el sentido de «amor infinito», los budistas aceptan esta clase de interpretación de Dios.

Hay otro punto en común entre la tradición cristiana y la budista: los budistas aceptamos la existencia de seres más elevados. Consideramos que los Budas, los *bodhisatvas* y los árhats son seres más elevados. La diferencia entre ellos y Dios radica en que dichos seres no se encontraban en esa superior posición desde el principio, sino que se convirtieron en seres elevados tras seguir la vida espiritual. Comparados con nosotros, se consideran seres más elevados.

Hasta cierto punto, podemos invocarlos por medio de la oración. También podemos recibir de ellos ciertas influencias, como son las bendiciones. Pero en el fondo el budismo pone un gran énfasis en el esfuerzo espiritual personal. Según las tradiciones budistas, incluso los seres más elevados alcanzaron la posición que ostentan mediante su propia práctica. El budismo enfatiza principalmente el esfuerzo y la práctica de cada uno.

Teniendo esto en cuenta, desearía decir algo sobre el yoga de la deidad. El principal objetivo del yoga de la deidad no es venerar, buscar bendiciones ni nada parecido, sino crear la unión motivacional del método y la sabiduría. ¿Y cómo se logra? Percibiendo con ayuda de la sabiduría la misma vacuidad y usándola como si fuera un ser ideal, es decir, una deidad. El objetivo principal del yoga tántrico más elevado es minimizar el nivel más burdo de la conciencia y manifestar la mente más íntima y sutil. Una vez esta mente sutil se activa, puede transformarse en la sabiduría que comprende la vacuidad.

Esta transformación de la mente sutil es importante por la siguiente razón. Un nivel más burdo de conciencia que percibe la vacuidad —la vacuidad de la existencia inherente a los fenómenos— puede actuar como un antídoto para las impurezas.

Ahora bien, si uno es capaz de usar ese nivel más sutil de conciencia y transformarlo en una conciencia de sabiduría que percibe la vacuidad, como ese nivel más sutil de conciencia es más poderoso, puede eliminar con mucha más fuerza esas obstrucciones. Y al eliminarlas progresamos en alcanzar el nirvana.

Una meta para todos

Por último, me gustaría señalar que el objetivo de la religión no es construir bellas iglesias o templos, sino cultivar cualidades humanas positivas como la tolerancia, la generosidad y el amor. En realidad, en el budismo y el cristianismo, al igual que en cualquier religión importante del mundo, lo fundamental es creer que debemos ser menos egoístas y ayudar a los demás.

Cada religión y cada cultura tiene sus propias características que la distinguen. Los tibetanos, durante muchos siglos, han puesto el énfasis en desarrollar y mantener valores interiores como la compasión y la sabiduría. Los consideramos más importantes que adquirir riqueza material, fama o éxito. Para nosotros la fuerza interior, la dulzura, el amor, la compasión, la sabiduría y una mente estable son los tesoros más importantes que un ser humano puede reunir en su vida.

Sin embargo, soy consciente de que esta búsqueda interior puede conducir a una especie de tranquila complacencia. Creo que los budistas tienen mucho que aprender de nuestros hermanos y hermanas cristianos. Todos sabemos que podemos hallar la paz interior en la oración y la meditación, pero nuestros amigos cristianos quizá tengan una experiencia más rica al aplicar de manera práctica esa paz interior ayudando generosamente a los demás.

Pienso que es sumamente importante que conozcamos mejor las prácticas y las tradiciones de cada uno, pero no con la intención de adoptarlas forzosamente, sino más bien para aumentar las oportunidades de respetarnos mutuamente. Además, a veces encontramos en la otra tradición algo que nos ayuda a valorar mejor un aspecto de la nuestra. Todas las fes, a pesar de sus filosofías contradictorias, poseen la capacidad de crear seres humanos afectuosos. Por lo tanto, tenemos todas las razones para valorar y respetar cualquier forma de práctica espiritual que ayude a crear mejores seres humanos y un mundo más feliz y pacífico.